Mente Brillante

Migliorare Focus, Memoria e Creatività

Surnè Lavis

SOMMARIO

Se potessi aumentare la potenza del tuo cervello, teoricamente potresti realizzare quasi tutto. Sebbene avere un corpo sano e forte sia altrettanto importante, la maggior parte di noi probabilmente concorda sul fatto che le nostre attività dipendano più dalle nostre capacità cognitive che da quelle fisiche.

Molte persone hanno lavori basati sull'uso del computer, il che significa che dobbiamo usare il nostro cervello per gestire dati, manipolare software o ideare strategie aziendali. Gran parte del nostro successo deriva dalla nostra capacità di interagire con gli altri, che dipende ovviamente molto dalla nostra intelligenza e dalla nostra potenza cerebrale. Che tu stia tenendo una presentazione scegliendo le parole migliori per comunicare il tuo messaggio, o che tu sia in un colloquio o un appuntamento cercando rapidamente la risposta più arguta o divertente a una domanda.

I problemi domestici tendono a coinvolgere finanze, situazioni sociali o questioni legali - ci sono pochi problemi che possiamo risolvere con i pugni. Nel tempo libero, tendiamo anche a perseguire attività più intellettuali. Forse giochiamo ai videogiochi (reagendo ai nemici e risolvendo enigmi), o magari ci sediamo a leggere.

E anche quando un'attività sembra "fisica" in superficie, è spesso altrettanto cognitiva. Prendi ad esempio lo sport, che richiede di essere consapevoli delle posizioni dei tuoi compagni di squadra e avversari e di usare il tuo corpo in modo efficiente e preciso nello spazio. O che dire del fare "lavoro fisico" come fare riparazioni - che quasi sempre coinvolge una certa misura di ingegneria.

Quindi, se fossi più intelligente, o se avessi un maggiore controllo sulle tue facoltà mentali, saresti in grado di:

• Concentrarti più a lungo sui compiti e svolgere più lavoro o Progredendo così nella tua carriera scelta e guadagnando più denaro o Dando a te stesso più tempo libero alla fine di ogni giorno e riducendo i motivi di stress

• Ideare soluzioni uniche e innovative o Potenzialmente rendendoti ricco o cambiando il mondo in modo positivo o Risolvendo così i problemi che incontri nella vita quotidiana

• Migliorare le tue capacità fisiche e sportive

- Impressionare chiunque in una conversazione

- Diventare più bravo in qualsiasi compito, dalla idraulica ai videogiochi

- Diventare più autosufficiente e indipendente

E oltre ai benefici pratici e tangibili dell'aumento della potenza cerebrale, potresti beneficiare semplicemente di una maggiore apprezzamento per il mondo intorno a te. Una migliore comprensione del funzionamento delle cose. Una capacità aumentata di apprendimento e più incentivi a farlo...

Forse potresti migliorare la tua comprensione e apprezzamento della stessa natura della vita e dell'universo...

Diventare Illimitato

Non è poco immaginare cosa sarebbe possibile con una maggiore potenza cerebrale - se tu stesso fossi superiore. E quindi forse il miglior punto di riferimento per noi è la finzione. Cosa succederebbe se considerassimo un esempio fittizio di qualcuno che improvvisamente si ritrova con una capacità mentale incredibile?

E il miglior esempio recente di ciò proviene probabilmente dal film Limitless. In quel film, il protagonista Eddie Mora riceve un farmaco intelligente - un integratore chiamato NZT. Questa pillola è un farmaco sperimentale che ha la capacità di aiutare chiunque a utilizzare "il 100%" del proprio cervello. (Naturalmente, questo è un nonsenso - usiamo già il 100% del nostro cervello! Ma concederemo agli scrittori la licenza poetica.)

Quando Eddie prende l'NZT, viene trasformato all'istante. Passa da essere un trasandato e uno scrittore in difficoltà, a sistemare il suo appartamento e il suo aspetto e a completare il suo manoscritto - che ovviamente diventa un best-seller. Quindi elabora il mercato azionario e inizia a fare trading giornaliero, diventando ricco da casa sua. Convincere diverse donne a letto prima di riconquistare la sua ex con impressionanti dimostrazioni di intelligenza, come la sua nuova capacità di parlare diverse lingue. Si trasferisce in un appartamento di lusso straordinario e attira l'attenzione di una società di investimento. Alla fine, utilizza il potere e l'influenza che accumula lì per candidarsi a una carica politica.

Tutto ciò, perché era in grado di prendere il controllo del suo cervello. Perché era in grado di vedere schemi che altri mancavano. Perché "sapeva esattamente cosa doveva fare". E perché ha acquisito intuizioni più acute e migliori capacità cognitive.

Ora, ovviamente, questo è una finzione e nella realtà, nessuna pillola del genere esiste. Né possiamo dire con certezza che vedresti un impatto così enorme sulla tua vita se dovessi aumentare da solo la potenza del tuo cervello.

Ma è certamente un'idea credibile che la tua vita potrebbe cambiare così tanto.

Questo Libro

E ciò che è molto eccitante è che ci sono davvero modi in cui puoi potenziare la tua intelligenza - sebbene in misura leggermente minore. Ci sono davvero modi in cui puoi ottenere miglioramenti tangibili e misurabili nella tua vita concentrandoti su modi per aumentare il tuo QI e la tua concentrazione.

In questo libro, imparerai esattamente come fare ciò. Vedrai come puoi aumentare la tua intelligenza e concentrazione in modo profondo, come puoi diventare più acuto, come puoi imparare più velocemente e come puoi anche migliorare il tuo "QI sociale". Entro la fine, saprai come allenare il tuo cervello allo stesso modo in cui normalmente alleneresti il tuo corpo. E i risultati saranno incredibili.

Il Potere di Lavorare VELOCEMENTE

Prima di proseguire, voglio affrontare un altro argomento: il potere di lavorare VELOCEMENTE.

Se hai una maggiore concentrazione e puoi pensare più rapidamente, allora puoi lavorare più velocemente. È qualcosa che ho iniziato ad allenare fin da giovane e che credo mi abbia aiutato a ottenere ottimi risultati sia durante gli studi universitari che nella mia carriera da adulto.

All'università, la capacità di lavorare velocemente mi ha permesso di completare più lavoro rispetto ai miei coetanei e di conseguenza ottenere voti migliori - senza fare troppi sforzi. Lasciavo spesso il lavoro all'ultimo minuto e poi completavo un saggio di qualità accettabile, guadagnandomi così molto più tempo libero. Negli esami, scrivevo il doppio rispetto alla maggior parte delle persone e, accoppiato alla comprensione di ciò che gli esaminatori cercavano (la maggior parte valuta i compiti riferendosi a una lista di controllo di cose da completare), ciò significava che potevo ottenere voti migliori di quanto avrei potuto altrimenti.

Dopo l'università, sono diventato un copywriter e ho iniziato a prendere lavori per altre persone. Mi sono rapidamente reso conto che c'era molto lavoro là fuori, ma solo se eri disposto a lavorare per 2 dollari o meno ogni 100 parole. La mia soluzione? Lavorare incredibilmente velocemente. Scrivendo 20.000 parole al giorno, ho guadagnato subito un ottimo stipendio - sono riuscito a trasferirmi dalla casa dei miei genitori e a prendere un appartamento con balcone sul mare.

Con l'allenamento, ho imparato a scrivere sempre più velocemente. Alla fine, mi sono guadagnato abbastanza tempo per iniziare a fare altre cose nella seconda metà della giornata - cose come creare un'app che è diventata un bestseller e infine scrivere un romanzo. Ho creato un canale YouTube che ha rapidamente guadagnato decine di migliaia di follower - tutto perché ero in grado di caricare video molto prodotti rapidamente.

Questa è una chiara evidenza di come essere in grado di sfruttare il potere del tuo cervello possa portare a risultati migliori nella vita reale. Sono tutte cose che mi sono allenato a fare. E con l'aiuto di questo libro, sarai in grado di fare esattamente lo stesso.

CAPITOLO 02 - COSA SONO I NEUROTRASMETTITORI E COME FUNZIONANO?

Iniziamo esplorando la neuroscienza dell'intelligenza e precisamente come puoi aumentarla da un punto di vista teorico.

Quindi, benvenuto nel tuo cervello. Qui, hai una vasta rete interconnessa di neuroni che insieme definiamo il tuo 'connectoma'. Immagina questo come la più grande mappa mentale del mondo, eccetto che è formata da miliardi di connessioni.

Ciascuno di questi neuroni rappresenta un'esperienza, un'azione, un ricordo o una 'qualia'.

Ad esempio, hai la corteccia visiva (V1) che contiene tutti i neuroni responsabili della tua vista. Se aprissi la parte posteriore del tuo cranio e stimolassi quei neuroni singolarmente con un elettrodo (questo è stato effettivamente testato), allora vedresti punti di luce apparire nella tua visione corrispondenti al neurone specifico!

Allo stesso modo, se stimolassi i neuroni nella corteccia motoria, ciò causerebbe il movimento del tuo braccio o gamba, o potrebbe farti sentire una sensazione sull'orecchio.

Altri neuroni hanno compiti diversi. Ad esempio, ci sono quelli che hanno il ruolo di memorizzare i ricordi. Questi si attivano quando ricordiamo cose che ci sono accadute nel passato. Altri potrebbero farci sentire felici o tristi. Altri potrebbero rappresentare aspetti della nostra personalità o delle nostre idee.

Questi sono raggruppati in cluster nel cervello o in regioni cerebrali, ed è per questo che i danni al cervello possono comportare la perdita di abilità molto specifiche o alterare le nostre personalità.

E in qualsiasi momento, diverse aree del cervello saranno attive, rappresentando il modo in cui il tuo cervello viene utilizzato. Quindi potresti avere attività nella tua corteccia visiva perché stai elaborando le cose intorno a te, ma potresti anche avere attività nell'ippocampo relativa ai ricordi associati a ciò che stai vedendo e potresti avere attività nella tua corteccia prefrontale mentre fai piani su ciò che stai per fare.

Neurotrasmettitori

I neuroni sono connessi tramite lunghi filamenti e rami chiamati assone e dendriti. Non entrano effettivamente in contatto fisico l'uno con l'altro, ma piuttosto si avvicinano molto a toccarsi e lasciano solo un piccolissimo spazio chiamato sinapsi. Quando un neurone si attiva, fa sì che tutti i neuroni circostanti diventino più eccitati. E quando i neuroni superano una certa soglia di eccitazione, allora si attivano anche loro.

Quindi, in altre parole, potresti vedere un'anatra e questo potrebbe registrarsi come una rappresentazione di un'anatra nella tua mente. Ciò provoca un certo modello di neuroni a attivarsi e quegli 'potenziali d'azione' (il termine tecnico per queste cariche elettriche) viaggeranno poi giù per gli assoni verso concetti correlati che sono 'connessi'. Questi includono ricordi che potresti avere sulle anatre, opinioni sulle anatre, fatti sulle anatre, Paperino ecc.

Ma solo quando abbastanza attività circonda il tuo cluster di neuroni 'Paperino' questi si illumineranno e solo allora sperimenterai un ricordo o un pensiero del personaggio.

I neuroni possono diventare eccitati ma hanno davvero solo due stati: acceso o spento. Ciò che è meno binario, però, è il segnale che inviano e ricevono. Ed è qui che entrano in gioco i neurotrasmettitori.

I neurotrasmettitori sono sostanze chimiche che esistono nel cervello che effettivamente aggiungono colore e sfumature alle comunicazioni che avvengono nel nostro cervello. Agiscono come gli ormoni nel senso che sono in grado di cambiare il nostro umore e il modo in cui ci sentiamo riguardo a qualcosa. La differenza è che hanno una durata di vita molto più breve e che agiscono specificamente sul cervello.

Tra le altre cose, i neurotrasmettitori rendono i neuroni circostanti più o meno propensi a attivarsi e metteranno così il cervello in uno stato complessivamente più eccitato o più inibito. Allo stesso tempo, però, possono anche aumentare la probabilità che si formino nuove connessioni e possono aumentare l'apparente 'importanza' di certe attività, indirizzando così la tua attenzione.

Un esempio è la dopamina. La dopamina è un neurotrasmettitore eccitatorio, il che significa che ci rende più eccitati e più svegli e aumenta le possibilità che i neuroni si attivino. Quando la dopamina viene rilasciata in una parte del cervello, ciò ci fa concentrare di più su ciò che sta accadendo proprio lì perché ci dice che quella cosa è importante e degna della nostra attenzione. Allo stesso tempo, la dopamina aumenta la probabilità di ricordare quell'evento perché rende più probabile la formazione di connessioni nel cervello. Infine, la dopamina ci rende più propensi a ricordare le cose che sono accadute e più propensi a rimanere motivati. La dopamina è spesso descritta come il 'neurotrasmettitore della ricompensa', ma sarebbe più accurato dire che viene rilasciata in anticipazione della ricompensa.

Altri neurotrasmettitori includono la serotonina (l'ormone del 'sentirsi bene'), il cortisolo (l'ormone dello 'stress') e l'ossitocina (l'ormone dell''amore'). Tutti questi cambiano il modo in cui sperimentiamo soggettivamente il mondo e hanno un impatto sulla natura del cambiamento fisico che si verifica all'interno del cervello.

Plasticità Cerebrale

Un'area che è stata ampiamente studiata da psicologi e neuroscienziati negli ultimi anni è un argomento chiamato 'plasticità cerebrale' o 'neuroplasticità'. Questo si riferisce all'innata capacità del cervello di cambiare forma in risposta a stimolazione e attività.

In passato, si credeva che il cervello assumesse una forma definitiva una volta raggiunta l'età adulta e che non cambiasse ulteriormente. Ora, però, sappiamo che il cervello continua a crescere e ad adattarsi man mano che invecchiamo e che è costantemente impegnato nella formazione di nuove connessioni e perfino nella generazione di nuovi neuroni.

In studi è stato dimostrato che impegnarsi ripetutamente in un'attività specifica causerà un cambiamento nella forma dell'area cerebrale corrispondente. Ad esempio, se impari a suonare il violoncello, le aree della tua corteccia motoria responsabili della sensazione e della destrezza nelle punte delle dita diventeranno più grandi e complesse. Allo stesso modo, se giochi ripetutamente ai videogiochi, le aree cerebrali responsabili della tua capacità di distinguere piccoli dettagli all'orizzonte miglioreranno. I tassisti hanno cervelli fisicamente più pesanti di qualsiasi altra professione, perché cambiano forma per ospitare tutte le nuove rotte e destinazioni che memorizzano.

C'è una semplice filastrocca che puoi ricordare per capire come funziona la plasticità:

"Neuroni che si attivano insieme, si collegano insieme"

In altre parole, se ripeti continuamente la stessa azione più e più volte, alla fine i neuroni corrispondenti si collegheranno in modo tale che avrai memorizzato quella sequenza di movimenti.

Se mangi un limone ogni volta che vedi una certa immagine, alla fine assocerai l'immagine e il limone in modo tale che vedere l'immagine ti farà sentire un gusto amaro in bocca. I neuroni corrispondenti si sono attivati contemporaneamente così spesso, che ora hanno una connessione e ora l'attività in un neurone aumenterà le probabilità che l'altro si attivi.

Inoltre, ripetere questa connessione la rinforzerà nel tempo. Questo avviene tramite un processo chiamato mielinizzazione, che fondamentalmente significa che gli assoni vengono isolati per proteggerli dai danni e per aiutare il segnale a viaggiare più rapidamente ed efficientemente da un neurone all'altro.

Ecco come impariamo a memoria nuovi argomenti ed è il motivo per cui una persona che ha gravi perdite di memoria può talvolta ancora eseguire compiti come suonare concerti di pianoforte complessi. Hanno semplicemente ripetuto i movimenti così tante volte che sono diventati altamente mielinizzati e protetti.

Cosa Fare con Tutte Queste Informazioni

È molta informazione da assimilare e potresti chiederti a cosa serve tutto ciò. Bene, stai tranquillo, queste informazioni sono importanti e le abbiamo affrontate per una ragione. Sapere come funziona il tuo cervello è ciò che ti permetterà di aumentare il tuo QI attraverso l'allenamento, la dieta e altro ancora.

Spero che tu abbia già visto alcune opportunità per forse modificare e migliorare le prestazioni del tuo cervello. Ad esempio, aumentare la dopamina può potenziare la nostra memoria e la nostra concentrazione! Allo stesso modo, potresti aver intuito che aumentare il tasso di plasticità cerebrale potrebbe essere anche molto positivo.

E questi sono esattamente gli argomenti che affronteremo nelle prossime sezioni di questo libro. Quindi continua a leggere e preparati a potenziare la tua potenza cerebrale!

La prima "strategia" che puoi utilizzare per aumentare la potenza del tuo cervello è l'uso di nootropici. I nootropici sono "farmaci intelligenti" che descrivono sia integratori che farmaci. Generalmente, qualsiasi cosa che possa migliorare le prestre mentali in una determinata capacità può essere considerata un nootropico. Questo significa che tecnicamente anche qualcosa come la caffeina potrebbe essere considerata un nootropico perché ci rende più concentrati, perché impedisce il bisogno di dormire e perché ci aiuta a memorizzare le cose.

Tuttavia, più spesso, il termine è usato per descrivere sostanze leggermente più esotiche e insolite. Queste includono ad esempio il modafinil. Il modafinil è un farmaco che è stato sviluppato come trattamento per la narcolessia e l'idea era che sarebbe stato in grado di aiutare le persone che lo usavano a smettere di addormentarsi senza preavviso.

Da allora, il modafinil si è dimostrato molto efficace nell'aiutare le persone che non soffrono di narcolessia. Non solo può quasi eliminare completamente la stanchezza e migliorare la concentrazione, ma potenzia anche la memoria e potenzialmente il tempo di reazione. Si dice che il 99% dei CEO nella Silicon Valley ora usi il modafinil per avere un vantaggio.

Il termine può anche essere usato per descrivere sostanze come la l-teanina. La l-teanina è una xantina come la caffeina che è uno stimolante ma ha un effetto molto più delicato della caffeina. Pensala come alla caffeina senza tremori! Molte persone consumano l-teanina e caffeina insieme e il risultato è una maggiore veglia e concentrazione ma senza ansia, mal di testa o tremori.

Un altro nootropico molto popolare è il piracetam. Questo aumenta un neurotrasmettitore chiamato acetilcolina, che è un neurotrasmettitore eccitatorio che sembra svolgere un ruolo importante nel focus, nella memoria e nell'attenzione. Le persone che usano il piracetam dicono di sperimentare musica e colori più vividi, di essere più arguti e rapidi nelle conversazioni e di ricordare i dettagli più accuratamente.

Naturalmente, ci sono anche molti stimolanti come Ritalin e Adderall che sono molto popolari oggigiorno tra studenti e altri che studiano.

All'altro estremo dello spettro ci sono sostanze come il 5-HTP. Questo sta per 5 idrossitriptofano, che viene convertito dal corpo in triptofano e poi in serotonina. Questo migliora l'umore e riduce lo stress, che molte persone trovano rende loro più produttivi e migliori nel lavoro, mentre allo stesso tempo li rende più felici e più sociali.

La maggior parte delle persone che usano nootropici non sceglie solo uno di questi integratori ma piuttosto utilizza una selezione di essi in combinazione per ottenere i risultati precisi che stanno cercando. Molti funzionano bene in combinazione - ad esempio, se usi il piracetam, spesso si consiglia di assumere anche una forma di colina, visto che il cervello usa la colina per formulare acetilcolina. È complicato e c'è molto da imparare se vuoi approfondire, ma c'è una grande e attiva comunità là fuori per aiutare se decidi di voler saperne di più.

I Nootropici Funzionano?

Ma dovresti approfondire? I Nootropici funzionano come nel film Limitless? Se puoi prendere alcuni integratori come questi e diventare più intelligente, più concentrato, più produttivo e tutto il resto... allora la domanda è perché non dovresti?

Naturalmente, come con tutte queste cose, la realtà non è così semplice come la presentazione.

Il problema con tutti i nootropici che ho appena descritto, vedi, è che tendono a favorire specifici neurotrasmettitori rispetto ad altri. E sfortunatamente, questa è una drastica semplificazione di come funziona.

Ad esempio, quando usi qualcosa come il modafinil, stai aumentando il neurotrasmettitore chiamato orexina. Questo è collegato al nostro ciclo sonno-veglia e quindi aiuta a rimanere svegli più a lungo e a rimanere produttivi più a lungo.

Ma sfortunatamente, il nostro ciclo sonno-veglia è anche strettamente legato a vari altri cicli e ritmi biologici nel nostro corpo. Specificamente, è legato al nostro appetito, ai nostri movimenti intestinali e altro. Quindi, quando cambi la tua orexina, puoi effettivamente perdere l'appetito e finire per andare in bagno... piuttosto spesso.

Allo stesso modo, se usi il 5-HTP per aumentare la serotonina, finisci anche per influenzare il tuo appetito. E visto che la serotonina viene eventualmente convertita in melatonina (l'ormone del sonno) puoi effettivamente finire per sentirti assonnato e intontito! Che è ben lontano da un modo efficace per migliorare le tue abilità sociali - ti rende solo meno ansioso socialmente.

E quando aumenti la dopamina con qualcosa come caffeina o l-tirosina (la caffeina aumenta indirettamente la dopamina riducendo l'adenosina), ciò può impedirti di dormire e portare a esaurimento. Può anche indicare al tuo corpo che sta succedendo qualcosa di molto importante, il che a sua volta può innescare il rilascio di altri neurotrasmettitori eccitatori come il cortisolo e l'adrenalina. Il tuo cuore può finire per accelerare, puoi sentirti ansioso e puoi avere difficoltà a addormentarti.

Nessun neurotrasmettitore agisce in un vuoto. Ciò significa che non puoi scegliere un singolo neurotrasmettitore da alterare senza aspettarti che ciò abbia effetti profondi su tutto il cervello e su innumerevoli altri neurotrasmettitori, aree cerebrali e ormoni.

E con questo in mente, diventa molto difficile raccomandare questi tipi di integratori e farmaci.

Inoltre, non esiste un neurotrasmettitore che sia adatto per ogni singola situazione. Potresti prendere qualcosa per aumentare la tua dopamina, ad esempio, pensando che ciò aumenterà la tua concentrazione e la tua memoria. E questo è certamente vero, farà queste cose.

Ma vuoi sempre aumentare la tua concentrazione e il tuo focus?

Quello che potresti non realizzare è che focus e creatività sono in qualche modo inversamente correlati. Vale a dire che se aumenti il tuo focus, potresti effettivamente finire per diminuire la tua creatività.

Ricordi quella rete di neuroni nel cervello? Bene, la creatività deriva dalla nostra capacità di esplorare quei diversi nodi (neuroni) e di trovare nuove connessioni. La creatività è semplicemente l'abilità di ricombinare informazioni esistenti in modi interessanti. Prendi due idee o due concetti e li combini, e poi hai un nuovo concetto originale.

Ma se aumenti la tua dopamina, aumenti il tuo focus su una specifica area cerebrale. Diventi più intensamente concentrato su un concetto o su una collezione di idee e facendo ciò, perdi quella capacità di fare nuove connessioni e di venire con nuove idee.

Non solo questo, ma perdi anche la capacità di rilassarti e riposarti! Così, quando finisci il lavoro e provi a rilassarti la sera, ti sentirai ancora teso e ansioso. Ciò significa che potresti sentirti meno rinvigorito il giorno successivo e quindi trovare più difficile rituffarti nel lavoro.

Un cervello sano non è un cervello che si sente eccitato o altamente concentrato - è semplicemente uno che si sente come normalmente ma... meglio. Dovresti avere la capacità di passare tra diversi stati cerebrali e diverse 'modalità' a volontà. E nootropici come quelli che abbiamo descritto chiaramente non aiutano in questo.

Infine, devi considerare il rischio di tolleranza e adattamento. Questo è il rischio che il tuo cervello possa adattarsi al cambiamento dell'equilibrio chimico e diventare quindi dipendente dai nootropici per funzionare normalmente.

Come potrebbe succedere?

Un buon esempio è la caffeina. Quando bevi caffeina, riduci l'azione di una sostanza chiamata adenosina. Questo accade perché le molecole di caffeina sono molto simili in dimensioni e forma alle molecole di adenosina. Di conseguenza, possono finire per rimanere intrappolate negli stessi recettori e quindi impedire all'adenosina di essere efficace.

L'adenosina è un sottoprodotto che viene prodotto quando le nostre cellule creano energia. Questo è creato durante tutto il giorno mentre pensiamo, mentre ci impegniamo in attività, ecc. Come neurotrasmettitore inibitorio, alla fine inizia a ridurre l'attività nel cervello, facendoci sentire sempre più rilassati e assonnati fino a quando iniziamo a perdere concentrazione e focus.

Ma se continui a bere caffeina in grandi dosi, allora il cervello risponde creando più recettori per l'adenosina. Assume che tu abbia uno squilibrio chimico e risponde di conseguenza. Quindi, ora scopri che ti senti più stanco e assonnato quando non bevi caffeina e hai bisogno di ancora più tè o caffè per sentirti sveglio e attento. Questo crea dipendenza ed è ciò che porta a sintomi di astinenza quando smetti di assumere abbastanza caffeina.

Infatti, è stato persino suggerito che ciò che molti di noi assumono come inerzia del sonno (la stanchezza che sentiamo al mattino appena svegli) potrebbe in realtà essere semplicemente astinenza da caffeina!

Quindi, dovresti usare i nootropici?

Non è un "no" definitivo, visto che puoi effettivamente trarre beneficio dall'essere altamente concentrato nelle circostanze giuste. Hai del lavoro che deve essere finito molto rapidamente? Allora una tazza forte di caffè o forse un po' di modafinil potrebbero potenzialmente aiutare. Devi solo riconoscere i limiti e agire di conseguenza. Non usare niente di simile su base giornaliera e assicurati di usarlo solo quando assolutamente necessario.

E mentre potresti protestare per gli effetti collaterali e i rischi potenziali, ricorda che molte persone usano alcol e nicotina, sapendo benissimo che li sta danneggiando. Almeno i nootropici aumentano la potenza cerebrale sulla carta. Caffeina e molti altri sono addirittura protettivi contro la demenza e simili esempi di declino cognitivo legato all'età. Assicurati solo di essere cauto quando inizi a usare i nootropici e non infrangere la legge - se acquisti integratori o farmaci da fonti illegali non c'è modo di sapere cosa potresti ingerire.

E se vuoi ottenere un potenziamento cerebrale da qualcosa che mangi? Bene, allora c'è un modo migliore...

CAPITOLO 04 - LA NUTRIZIONE DEL CERVELLO

Nell'ultimo capitolo, abbiamo discusso una forma molto specifica di nootropico: quella che altera i neurotrasmettitori e ti rende più concentrato o forse migliore nel ricordare determinate cose.

Ma ho lasciato fuori diverse altre categorie di nootropico. Una particolarmente interessante è il "potenziatore metabolico cognitivo". E l'altra è qualsiasi cosa che può generalmente essere considerata nutrizione.

Finora, i nootropici che abbiamo esaminato sono stati farmaci o medicinali, solitamente cose create in laboratorio.

Ma che dire di qualcosa di molto più semplice, come la vitamina B6? La vitamina B6 aiuta il corpo a ottenere più energia da proteine e carboidrati e questo significa che può migliorare sia le prestazioni fisiche che la funzione cerebrale. Inoltre, è anche utilizzata nella creazione di diversi neurotrasmettitori. Quindi, non favorirà uno a scapito degli altri, ma piuttosto aiuterà ad aumentare la produzione di sostanze chimiche cerebrali in generale.

Ci sono molti altri elementi che fanno cose simili. Considera, ad esempio, il ruolo dell'acido grasso omega 3. L'acido grasso omega 3 è un olio trovato nel pesce che ha due diversi benefici per il cervello. Il primo è che migliora la "permeabilità della membrana cellulare". Vale a dire che il corpo è in grado di utilizzare l'omega 3 per creare le pareti cellulari. Questo a sua volta porta a una maggiore fluidità nelle cellule. Le cellule sono meglio in grado di muoversi liberamente, di cambiare forma e di trasmettere neurotrasmettitori e segnali l'una all'altra. Il risultato è che il consumo di omega 3 può effettivamente aiutare a migliorare la trasmissione dei segnali attraverso i neuroni e quindi accelerare il tuo pensiero!

Allo stesso tempo, l'acido grasso omega 3 ha anche il beneficio di migliorare il tuo rapporto omega 3:6. Per semplificare: omega 3 e 6 sono entrambi necessari per una funzione sana, ma la stragrande maggioranza di noi assume troppo del secondo e non abbastanza del primo. Questo perché l'omega 6 è usato come conservante in una vasta gamma di cose diverse che mangiamo, mentre l'omega 3 si ottiene principalmente dal pesce grasso - che è assente da molte delle nostre diete. Quando hai troppo 6 e non abbastanza 3, ciò causa infiammazione cerebrale e l'infiammazione è stata collegata alla depressione, alla nebbia cerebrale e altro ancora!

E che dire della creatina? La creatina è una sostanza tipicamente associata all'attività fisica e sportiva. Questo integratore è usato per consentire al corpo di "riciclare" l'ATP. L'ATP è adenosina trifosfato, o la forma più basilare di energia utilizzabile dalle cellule. Abbiamo bisogno di ATP per muovere i nostri muscoli ma ne abbiamo bisogno anche per pensare o per fare praticamente qualsiasi altra cosa.

Quando usiamo l'ATP, diventa AMP e ADPT (adenosina monofosfato e adenosina difosfato). La creatina ricombina queste due sostanze per creare più ATP per ulteriore utilizzo, fornendo così al cervello energia aggiuntiva. Questo è molto benefico ed è stato persino dimostrato in studi di aumentare il QI!

Poi ci sono cose come l'aglio o la vinpocetina. Queste sostanze agiscono come vasodilatatori, il che significa che effettivamente espandono la larghezza delle vene e delle arterie, migliorando così il flusso sanguigno nel corpo e migliorando la consegna di nutrienti al cervello e ai muscoli. Ciò significa che ti sentirai più sveglio e più

concentrato perché avrai più energia al cervello.
Inoltre, i nutrienti raggiungeranno anche il cervello in
modo più efficace.

Ci sono innumerevoli altri esempi di questo. Tutto, dal
CoQ10, al resveratrolo, alla vitamina C, al magnesio,
allo zinco... innumerevoli nutrienti, minerali e vitamine
possono migliorare la funzione cerebrale in modi
diversi. E al contrario, mangiare troppi pasti pronti e
troppi cibi spazzatura può effettivamente danneggiare
la funzione cerebrale e farla diventare lenta e pigra a
causa della bassa energia, dell'infiammazione e altro
ancora.

Quindi, mangiare bene è una delle cose più semplici ma
anche una delle più potenti che puoi fare per migliorare
la funzione cerebrale. E con ciò, intendo evitare cibi
trasformati che sono a basso contenuto nutritivo e ad
alto contenuto di additivi e, nel frattempo, orientarsi
verso cibi ricchi di nutrienti. Qualsiasi cosa che consideri
un "superfood" può potenzialmente essere molto
efficace per migliorare la funzione cerebrale e la
consapevolezza, quindi assicurati di seguire una dieta
sana se vuoi sfruttare al massimo il tuo cervello.

Nel frattempo, cerca di assicurarti di cercare questi nutrienti in particolare:

- Omega 3

- Colina (trovata nelle uova)

- Aminoacidi (proteine)

- Complesso di vitamina B

- Vitamina C

- Vitamina D

- Luteina

- Magnesio

- Zinco

CAPITOLO 05 - ALLENAMENTO DEL CERVELLO

A questo punto, abbiamo trattato alcuni argomenti piuttosto complessi. Abbiamo parlato dell'uso della nutrizione e dei farmaci per cambiare il modo in cui pensi.

Ma che dire del buon vecchio allenamento cerebrale? E se fosse la cosa che il lettore medio avrebbe probabilmente pensato per primo quando gli viene chiesto se esiste un modo per migliorare la funzione cerebrale?

L'allenamento cerebrale è in realtà un grande business. Non devi cercare molto per trovare app, giochi e libri che promettono di poter migliorare il tuo QI e renderti più intelligente attraverso l'allenamento cerebrale. Molto spesso, questi comportano la risoluzione di strani puzzle, giocare a giochi insoliti o fare calcoli.

Ma, a quanto pare, l'allenamento cerebrale è in qualche modo una farsa. Questo non significa che non sia possibile o che non possa essere utile, ma semplicemente che - purtroppo - è molto spesso rappresentato in modo errato e poco ponderato.

Perché ecco il punto: quando usi l'allenamento cerebrale come Nintendo Brain Age, o forse Lumosity, si scopre che non stai davvero potenziando la potenza del tuo cervello in modo tangibile o utile. Stai semplicemente migliorando la capacità del tuo cervello di fare quella cosa.

Quindi, se giochi a un gioco dove devi scegliere un numero da una fila di numeri, stai semplicemente migliorando la tua capacità di... scegliere un numero da una fila di numeri. E la maggior parte di noi concorderebbe sul fatto che questo non è così utile o vantaggioso!

La plasticità cerebrale è al lavoro qui, è solo che non sta davvero aiutando con la cosa che vogliamo che aiuti!

Come si fa allora ad allenare il cervello in modo più generale?

Allenamento Cerebrale Accidentale

Le regole della plasticità cerebrale ci rendono molto facile capire quale impatto avrà un certo tipo di allenamento sul cervello. E possiamo effettivamente usare un acronimo per capirlo: SAID.

SAID sta per 'Adattamenti Specifici alle Richieste Impossibili'. Questo significa che il tuo

cervello diventa migliore nel fare le cose che lo fai fare regolarmente.

Ciò significa che la migliore forma di allenamento cerebrale per diventare migliori nel concentrarsi sul lavoro è semplicemente costringersi a concentrarsi di più sul lavoro. Fallo spesso e col tempo diventerai migliore nel farlo. Vuoi diventare migliore in matematica? Allora pratica di più la matematica.

Ci sono però alcuni compiti che ti aiuteranno a migliorare il tuo cervello in un modo molto più "non specifico". Questi includono attività che hanno circostanze mutevoli ma richiedono le stesse abilità di base.

E una sorpresa? I videogiochi. I videogiochi sono in realtà tra i migliori strumenti di allenamento cerebrale là fuori. Tra poco vedremo che possono essere utili per migliorare la plasticità cerebrale, semplicemente perché ogni nuovo gioco richiede di imparare nuovi input, nuove regole e nuovi ambienti. Ma oltre a questo, i videogiochi sono utili per incoraggiare lo sviluppo in diverse aree chiave del cervello a causa delle abilità che richiedono.

I giochi d'azione, ad esempio, sono stati dimostrati di aumentare la nostra capacità di distinguere diverse tonalità di grigio e in realtà di migliorare l'acuità visiva. Il motivo è che gli sparatutto ci richiedono di essere costantemente attenti allo schermo per segni di movimento. Allo stesso modo, questi giochi sono stati dimostrati di aiutare a migliorare il processo decisionale e ad aumentare la velocità con cui vengono prese le decisioni, senza influenzare negativamente la qualità di tali decisioni. Di nuovo, questo deriva dal requisito di dover costantemente prendere decisioni su quale nemico dovrebbe avere la priorità, in quale direzione dovresti girarti, quale arma usare ecc.

La differenza tra qualcosa come un videogioco o qualcosa come un "esercizio di allenamento cerebrale" è che un videogioco è un'esperienza molto più varia e molto più strettamente relazionabile alle nostre esperienze reali. I videogiochi forniscono un contesto e un ambiente realistici per le nostre azioni e ci sfidano in modo dinamico e mutevole.

Allo stesso modo, intraprendere nuove sfide sul lavoro, leggere testi complessi, cercare di imparare nuovi argomenti e mettersi in situazioni sociali che ti portano fuori dalla tua zona di comfort... tutte queste cose sarebbero più efficaci nell'aumentare la potenza del tuo cervello rispetto a eseguire qualsiasi esercizio banale.

Quindi, l'allenamento cerebrale è utile solo fino a un certo punto per potenziare la potenza del tuo cervello e funziona meglio quando lo affronti in modi meno convenzionali. Ma cosa succede se prendi la capacità fisica di base del cervello che permette all'allenamento cerebrale di funzionare in primo luogo e poi la miglioriamo? Cosa succede se potenziamo la plasticità cerebrale?

In definitiva, credo che l'intelligenza e anche le prestazioni atletiche si riducano a due cose:

• Adattabilità • Opportunità

Con adattabilità, mi riferisco alla capacità del corpo di cambiare in risposta a certi stimoli. Nel caso del cervello, ciò significa plasticità - la formazione di nuove connessioni neurali per corrispondere a nuove abilità e ricordi.

Con opportunità, intendo esposizione o allenamento. Prendi qualcuno che impara velocemente e poi dagli un programma di allenamento intensivo e avrai un musicista, programmatore, linguista o matematico esperto.

Allo stesso modo, se prendi qualcuno i cui muscoli rispondono bene all'allenamento e gli dai il protocollo di sollevamento pesi giusto, avrà la possibilità di diventare un bodybuilder professionista. Se manca l'adattabilità naturale o il programma di allenamento è sbagliato, però, l'individuo non diventerà mai di classe mondiale.

C'è di più, ovviamente. Credo che il vero genio sia più una questione di creatività che di maestria. E penso che anche la giusta motivazione e l'interesse iniziale nell'apprendimento debbano essere presenti. Ma per la maggior parte, la plasticità ha molto da rispondere.

Quindi, forse in questo caso, il modo migliore per potenziare le nostre capacità mentali è concentrarsi sulla plasticità. Rendendo il nostro cervello più adattabile, sblocchiamo il potenziale per imparare più velocemente e più efficacemente e per diventare più intelligenti. Ci adatteremo più rapidamente alle richieste mentali del nostro ambiente e quindi diventeremo più bravi a prosperare in quelle condizioni.

Ed è vero che con una grande plasticità viene un potenziale incredibile. Guarda solo individui come Ben Underwood, che può usare una forma di 'sonar' per la navigazione. Ben ha perso la vista all'età di tre anni e il suo cervello si è adattato al punto in cui era in grado di orientarsi usando clic con la lingua.

Immagina se non dovessi perdere gli occhi per ottenere quel tipo di plasticità?

Potenzialmente potresti imparare altre abilità incredibili molto più velocemente - forse potresti diventare veramente ambidestro, sviluppare abilità matematiche da savant, acquisire sinestesia utile o imparare a scalare come Jyoti Raju, il 'Re delle Scimmie'. Potresti forse ridisegnare il tuo cervello a tuo piacimento, proprio come un bodybuilder ridisegna il proprio corpo.

Il Modo Migliore per Potenziare la Plasticità

Prima di entrare nel programma e in alcuni nuovi 'trucchetti' che ho imparato per migliorare la plasticità, voglio prima discutere qualcosa di molto importante: il motivo per cui i nostri cervelli sono così plastici durante l'infanzia.

Molti di noi credono che i nostri cervelli siano piùplastici quando siamo bambini a causa di differenze biologiche. È come se i nostri cervelli 'spegnano' la loro plasticità una volta raggiunta una certa età e, di conseguenza, iniziamo a trovare più difficile l'apprendimento. Non si può insegnare a un cane vecchio nuovi trucchi, e tutto quanto.

La mia argomentazione, però, è che sembra più probabile che questa correlazione funzioni al contrario. Smettiamo di imparare e così i nostri cervelli diventano meno plastici.

Gli studi ci mostrano che imparare qualsiasi nuova materia rende il nostro cervello più plastico. Se impari una lingua o studi un nuovo linguaggio di programmazione, per esempio, inizierai a produrre più BDNF - fattore neurotrofico derivato dal cervello.

Ora pensa a cosa significa essere un bambino: sei costantemente inondato di nuove informazioni e costretto ad imparare tutto. Non sto parlando solo di imparare l'inglese, sto parlando di imparare a bilanciarsi e camminare. Imparare cosa è un essere umano. Imparare che gli oggetti producono suoni. Imparare a utilizzare tutti i tuoi sensi in modo coeso...

E la stessa cosa accade a qualcuno che perde la vista: viene immerso in una realtà diversa dove si applicano nuove regole, risvegliando parte di quella neuroplasticità dormiente.

Non sarai mai plastico come lo eri da bambino, perché non sarai mai costretto a gestire così tante nuove informazioni di nuovo.

Anche se credo che sarebbe possibile avvicinarsi con una sorta di programma di realtà virtuale. La realtà virtuale ha la capacità di sottoporci a realtà completamente nuove, che potrebbero inondare i nostri sensi con altrettanti stimoli nuovi come quelli che abbiamo sperimentato da neonati.

Ecco perché credo che la realtà virtuale abbia un ruolo molto importante per il futuro dell'allenamento cerebrale. Lawnmower Man aveva ragione!

Ma nel frattempo, cos'altro puoi fare per promuovere la plasticità?

Il Programma

Apprendimento

La prima parte di un protocollo progettato per migliorare la funzione cerebrale dovrebbe coinvolgere un apprendimento continuo. È mia convinzione che questo sia uno dei modi migliori per prevenire il declino cognitivo legato all'età, promuovere un buon umore e in generale migliorare la salute del cervello.

Il problema è che molti di noi imparano sempre meno con l'avanzare dell'età. Dopo aver lasciato quella fase altamente plastica dell'infanzia, entriamo in una fase in cui stiamo costantemente apprendendo attraverso la scuola e le interazioni sociali. Dopo, impariamo a guidare, possiamo passare attraverso un'istruzione superiore e ci sviluppiamo attraverso le nostre carriere.

Ma a una certa età, il nostro apprendimento inizia a rallentare. C'è meno da imparare e meno da scoprire. Molti di noi si ritrovano a cadere in una "routine" dove il nostro lavoro implica ripetere le stesse poche azioni e le nostre interazioni sociali sono limitate agli stessi pochi amici e familiari.

Ecco perché devi attivamente continuare a introdurre nuove opportunità di apprendimento e cercare cose al di fuori della tua comprensione. Ciò può essere fatto attraverso la tua carriera o può essere fatto come hobby. Non concentrarti solo sul migliorare in un hobby, ma piuttosto sull'ampliare il tuo repertorio di abilità e conoscenze. Non solo diventerai un polimata per forza di volontà, ma l'apprendimento continuo garantirà che ti rimanga facile acquisire altre nuove abilità man mano che se ne presenti la necessità.

Per incoraggiare ciò, assegnati un periodo di tempo ogni settimana per imparare qualcosa di nuovo. Potrebbe trattarsi di programmazione o apprendimento di una lingua, o potrebbe essere imparare a ballare o anche sfidarti a diventare ambidestro. Meglio ancora, iscriviti a un corso online. App e siti come Udemy rendono più facile che mai prima d'ora.

Movimento

Il modo più pratico ed efficace che posso pensare per farlo è attraverso il tuo allenamento di forza. Questo è uno dei grandi vantaggi dell'uso di allenamento funzionale e fare cose come arrampicata, imparare arti marziali, sviluppare nuovi sollevamenti. Il nostro cervello risponde particolarmente bene all'apprendimento quando è fisico - poiché è per quello che la nostra plasticità cerebrale era originariamente destinata. Sfida te stesso con nuovi schemi di movimento e mantieniti agile e agile sia mentalmente che fisicamente.

L'altro metodo è attraverso i videogiochi. Sì, giocare ai videogiochi. Ogni singolo nuovo videogioco comporta l'apprendimento di nuove regole e lo sviluppo di una nuova memoria muscolare per utilizzare rapidamente i controlli. I videogiochi sono il meglio che abbiamo per sperimentare stimoli completamente nuovi su base regolare fino a quando la realtà virtuale non raggiungerà il punto di cui ha bisogno.

Quindi, aggiungi questo al tuo protocollo. Assicurati di allenarti, assicurati che ciò includa nuovi e diversi movimenti e assicurati di includere cardio e sollevamento pesi. Usa il tuo corpo o perderai non solo il muscolo, ma anche tutto quel tessuto neurale che lo controlla. Usa i tuoi muscoli in nuovi modi e il tuo SNC entrerà in "modalità di adattamento".

E gioca ai videogiochi, è un compito a casa piuttosto facile!

Integratori

Quali sono i migliori integratori per incoraggiare la plasticità cerebrale? Ce ne sono alcuni che attualmente mi interessano particolarmente e che compongono il mio attuale "stack di plasticità". Questa è un'altra categoria di nootropici che possono effettivamente essere benefici per migliorare

la tua funzione cerebrale e che non si concentrano solo sul farti sentire eccitato tutto il tempo.

Questi sono:

Mane del Leone: Da tempo uno dei più popolari per aumentare il fattore di crescita nervosa, che a sua volta è stato collegato a un aumento della plasticità.

Magnesio Treonato: Il magnesio è stato dimostrato di aumentare la plasticità. Il magnesio treonato in particolare sembra raggiungere più efficacemente il cervello, rendendolo la scelta migliore.

Curcuma: La curcuma è stata dimostrata di potenziare la plasticità. Ho letto che potresti provare ad aggiungerla al tuo caffè, ma l'ho provato ed è stato orribile.

Caffeina: Sì, la buona vecchia caffeina può anche aumentare la plasticità. Lo fa migliorando la dopamina, che è correlata con un aumento del BDNF (fattore neurotrofico derivato dal cervello). In parole povere, la caffeina rende le cose più importanti e più interessanti, il che rende il cervello più propenso ad assorbire e trattenere nuove informazioni.

Luteina: La luteina è stata dimostrata un po' di tempo
fa di migliorare la funzione dei mitocondri, portando a
una maggiore energia e potenzialmente a un aumento
delle prestazioni cognitive. Si scopre che è anche
potenzialmente in grado di aumentare la plasticità, in
particolare nel grembo e durante il nostro sviluppo, ma
anche più avanti nella vita.

Ce ne sono molti altri e la stimolazione diretta
transcranica (tDCS) è stata dimostrata efficace
nell'aumentare la plasticità. Ma poiché stiamo cercando
una soluzione pratica per potenziare la tua plasticità,
concentriamoci solo su questi pochi. Puoi permetterti di
aggiungere questo piccolo stack alla tua routine e
dovrebbe portare a una maggiore adattabilità.

Scoperta

Trovarsi in un ambiente nuovo, scoprire qualcosa di
nuovo, o anche parlare con qualcuno di nuovo può
aiutare a incoraggiare una maggiore plasticità nel
cervello. È interessante notare che questo è stato
anche dimostrato essere un trigger per accedere agli
'stati di flusso'.

In altre parole, quando sei in un luogo nuovo o incontri
qualcosa di nuovo, il tuo cervello "si sveglia",

il che incoraggia un afflusso di dopamina e quindi di BDNF. Viaggiare, parlare con persone con punti di vista diversi e provare cose nuove aiuteranno il tuo cervello a rimanere agile e giovane anziché diventare incrostato e fissato nei suoi modi. Un cervello rivolto verso l'esterno è uno che rimane sano, giovane e plastico.

Quindi, seguendo questo protocollo, creerai un cervello più plastico. Da lì, potrai passare ad apprendere argomenti molto più complessi e persino movimenti motori con relativa facilità!

Conclusione

Ecco qui: un protocollo per potenziare la plasticità stessa del tuo cervello. Ora, se combini anche questo con il giusto tipo di allenamento cerebrale,

- ovvero concentrandoti su cose che vuoi migliorare, esercitandoti, giocando ai videogiochi, imparando - allora puoi aspettarti di ottenere risultati migliori di quelli che avresti goduto in precedenza.

CAPITOLO 07 - COS'È LA MEMORIA DI LAVORO?

Un altro tipo di allenamento cerebrale utile e supportato da molte prove è il gioco di allenamento cerebrale "Dual N-Back". Il test Dual N-Back è un esercizio che richiede di concentrarti su una sequenza di numeri o lettere che cambiano anche colore. Il tuo compito è premere un pulsante quando noti una corrispondenza o una ripetizione. Quindi, nella sequenza:

1, 2, 4, 7, 9, 10, 10

Premi il pulsante perché ci sono due dieci. Allo stesso modo, premi il pulsante durante questa sequenza. È un "dual" N back perché stai cercando due cose contemporaneamente:

1, 2, 4, 7, 9, 10, 3

Perché i colori corrispondono. Qui, "N=1" quindi stai cercando corrispondenze che risalgono indietro di uno. Ma man mano che il gioco avanza, il valore di N aumenta. Quindi se N = 2, premi il pulsante quando succede questo:

1, 2, 4, 1, 7, 9, 10, 4, 3

E ignori i due numeri neri che erano distanziati solo di uno. Questo è un lavoro duro ed è efficace perché richiede di tenere informazioni nella tua mente e poi confrontarle con nuove informazioni - impegnando la memoria di lavoro. Giocare a scacchi richiede anche di testare la tua memoria di lavoro perché devi ricordare le posizioni di tutti i pezzi sulla scacchiera e devi pensare a possibili posizioni diverse mosse avanti.

Quindi, la memoria di lavoro è la parte della memoria che usi per trattenere informazioni temporanee con cui stai attualmente lavorando. Ciò ti consente di manipolare tali informazioni ed è estremamente importante per un'ampia gamma di diverse attività e compiti.

Ma è interessante notare che la memoria di lavoro è in realtà un po' più complessa di quanto pensassimo inizialmente e potrebbero esserci modi ancora più utili per allenarla...

Un Modo Diverso di Guardare alla Memoria di Lavoro

Convenzionalmente, vediamo la memoria di lavoro come un deposito dove conserviamo brevemente le informazioni prima di trasferirle nella memoria a breve e poi a lungo termine. Se ti viene chiesto di ricordare un numero di telefono, allora lo metti nella tua memoria a breve termine fino a quando non lo scrivi.

Gli psicologi una volta descrivevano la dimensione della memoria di lavoro come "7+/-2", il che significa che al limite superiore, possiamo ricordare 9 informazioni e al limite inferiore, possiamo ricordarne 5. Quindi, se qualcuno ti dà un numero di 10 cifre, non dovresti essere in grado di ricordarlo senza assistenza.

Una volta si pensava anche che avessimo diverse "modalità" per ricordare queste informazioni. Il blocco visuo-spaziale, ad esempio, era ciò che usavamo per immaginare gli oggetti in una stanza e ricordarne le posizioni. Nel frattempo, il "loop fonologico" è ciò che usavamo per ricordare informazioni acustiche ripetendole a noi stessi.

Ricerche più recenti, però, suggeriscono che la memoria di lavoro potrebbe essere un po' più complessa di così.

Ciò perché la memoria di lavoro sembra non avere molto in comune con altri tipi di memoria. Infatti, non sembra esserci un'area cerebrale associata alla memoria di lavoro e invece, sembra che la memoria di lavoro funzioni internalizzando i nostri pensieri e visualizzandoli.

In altre parole, quando stai cercando di trattenere 7 numeri, in realtà non li stai ricordando affatto, ma piuttosto li stai visualizzando con l'occhio della mente. Le scansioni cerebrali mostrano che se immagini qualcosa che accade, attivi effettivamente le stesse aree cerebrali come se stessi davvero facendo quella cosa. Quindi, ad esempio, se immagini di giocare a calcio, attivi le aree della corteccia motoria come se stessi davvero calciando un pallone. Quando ripeti i numeri a te stesso, si illuminano aree della tua corteccia uditiva.

Questo è ciò che è davvero la memoria di lavoro: non è affatto memoria, ma piuttosto attenzione.

La capacità di internalizzare il pensiero e poi concentrarsi su quel pensiero.

E questo rende la memoria di lavoro una cosa incredibilmente importante da allenare perché corrisponde alla tua capacità di visualizzare e di manipolare informazioni. Ti permette di pianificare in anticipo, ti permette di immaginare le posizioni degli altri giocatori sul campo durante gli sport, ti permette di tenere a mente tutte le informazioni pertinenti durante una conversazione per dare la migliore risposta, ti permette anche di manipolare una mappa nella tua mente per migliorare la navigazione. In breve, la memoria di lavoro è una delle abilità chiave da potenziare per migliorare le prestazioni in generale.

E poiché si traduce effettivamente in visualizzazione, ciò rende la visualizzazione stessa degna di essere praticata. E poiché equivale anche a concentrazione, anche questa è qualcosa su cui devi praticare il concentrarti. Questa è la tua capacità di concentrarti sui tuoi costrutti interni, che a sua volta ti dà la capacità di manipolare e gestire le informazioni nella tua mente.

Meditazione

La meditazione è una delle migliori attività che puoi fare per incoraggiare una maggiore plasticità cerebrale ed è stata dimostrata, in studi, di aumentare lo spessore corticale e la materia grigia. Inoltre, è stata anche dimostrata come uno degli strumenti più efficaci per rafforzare la tua memoria di lavoro. Il motivo di ciò è che la meditazione si riduce essenzialmente a nulla più che concentrazione e focus applicati.

Mentre molti di noi pensano che la meditazione abbia una sorta di sottotesto esoterico, la realtà è che è in realtà molto semplice e molto pratica. La meditazione è semplicemente la decisione consapevole di svuotare la tua mente o di concentrarti su un solo stimolo, come un mantra o una visualizzazione. Facendo ciò, in realtà si calma tutte le altre aree del cervello che possono iniziare a spegnersi. Questo ha il beneficio di rallentare le onde cerebrali (significando che c'è complessivamente meno attività nel cervello) e significa che puoi superare lo stress e attivare lo stato di "riposo e digestione".

Allo stesso tempo, però, significa anche che diventi migliore nel scegliere su cosa vuoi concentrarti. Non solo ciò potenzia il tuo focus mentale e la tua capacità di concentrazione, ma significa anche che guadagni una memoria di lavoro più grande!

Iniziare la meditazione è difficile per molte persone, ma se stai lottando, prova a impegnarti a dedicare solo 3 ore al giorno per iniziare.

Interessantemente, a volte puoi migliorare la funzione del tuo cervello semplicemente concentrandoti sulla cosa giusta o cambiando il modo in cui pensi. E, quando associato a ciò che abbiamo appreso sulla plasticità e sulla memoria a breve termine, potresti essere sorpreso di vedere come può effettivamente trasformare il tuo cervello e il modo in cui pensi.

Iniziamo con alcuni esempi di come semplicemente "ridefinire" una situazione può aiutarti a raggiungere una maggiore cognizione.

L'esempio che mi viene in mente è l'ipotetico limite già menzionato della memoria di lavoro, fissato a 5+/-2. A prescindere dalla nuova interpretazione della memoria di lavoro, questo limite esiste ancora, probabilmente perché lottiamo per mantenere quelle informazioni nell'occhio della mente e concentrarci senza perderne traccia.

Come superare questo? Una soluzione originale è qualcosa chiamato "chunking". Sembra sgradevole, ma non è così... Fondamentalmente, il chunking significa combinare più numeri in un unico numero o in un unico "chunk" semantico. Quindi, per esempio, 2 e 3 diventano effettivamente 23. In questo modo, stai effettivamente ricordando meno numeri.

Un altro esempio interessante di cambiare il modo in cui affronti un argomento è superare il "bias cognitivo" noto come fissità funzionale. La fissità funzionale descrive un'incapacità che molti di noi hanno di vedere immediatamente tutte le applicazioni per qualsiasi risorsa. Vediamo uno strumento come un oggetto usato per un lavoro specifico, piuttosto che qualcosa che può essere usato in vari modi.

Quindi, ad esempio, se ti viene dato un martello, potresti pensare a quel martello come qualcosa per guidare i chiodi nel muro. Pertanto, potresti non pensare di prenderlo quando stai cercando di aprire una finestra. Perché è "etichettato" come martello, è più difficile pensarlo al di fuori di quel contesto come una chiave inglese. Il risultato è che diventi meno versatile.

Ancora una volta, la soluzione è ridefinire la situazione e cambiare il modo in cui chiedi al tuo cervello di operare. Invece di pensare agli strumenti e alle risorse come strumenti, prova a chiederti quali materiali grezzi hai a disposizione. Quindi, piuttosto che un martello, hai un martello e un pezzo di legno, del metallo e un bastone. Improvvisamente, le opzioni aumentano.

Andare Oltre

Ma cambiare il modo in cui affronti un problema o pensi a una situazione può effettivamente avere un impatto molto più profondo e fondamentale sul modo in cui pensi.

In particolare, ha la capacità di cambiare il modo in cui percepisci il mondo intorno a te

e il modo in cui controlli il tuo stato mentale.

Ricordi come abbiamo menzionato che quando visualizzi qualcosa, illumini aree nel tuo cervello come se stessi effettivamente facendo quella cosa? Quindi, quando ti visualizzi mentre corri, effettivamente illumini aree nel tuo cervello corrispondenti a quel movimento e alle cose che potresti vedere e sentire durante quella corsa?

Ebbene, come si scopre, questo è realistico abbastanza da ingannare effettivamente il cervello. In altre parole, il tuo cervello pensa che tu stia effettivamente correndo e che tu stia effettivamente muovendoti. No, questo non ti farà perdere peso poiché non stai imponendo le stesse richieste energetiche al tuo corpo! Ma in termini di cambiare il tuo umore e persino creare plasticità cerebrale - rafforzando le connessioni necessarie per usare la forma di corsa corretta - è davvero efficace quanto il vero affare.

Ecco perché un ballerino può effettivamente esercitarsi nei loro movimenti nella mente e sarà efficace come se lo stessero facendo nella vita reale (fino a un certo punto). Quando si immaginano di muoversi, gli stessi neuroni si attivano come se si stessero davvero muovendo. I neuroni che si attivano insieme si collegano insieme e, come tale, rinforzi i movimenti e puoi riprodurre più facilmente la routine.

Naturalmente, non sarai in grado di sviluppare il tuo equilibrio o la tua grazia allo stesso modo, perché stai solo usando una simulazione della fisica del mondo reale anziché effettivamente fare quei movimenti. Ma hai capito il punto!

Qualsiasi cosa tu voglia provare, qualsiasi cosa tu voglia migliorare, puoi farlo in questo modo. Quindi, per esempio, se vuoi migliorare il recupero della memoria e la tua capacità di navigare in uno spazio, potresti provare a immaginarti mentre esci dalla tua porta e cammini lungo la strada. Visualizza le svolte che faresti per arrivare a una destinazione specifica e vedi se riesci a ricordare la strada, o se riesci a immaginare accuratamente il movimento.

O prova a chiudere gli occhi in questo momento e poi ricrea la stanza in cui ti trovi nella tua mente - incluso le posizioni degli oggetti sulle superfici. Quanto è buona la tua consapevolezza dei tuoi dintorni e la tua capacità di memorizzarla?

Questo tipo di allenamento alla visualizzazione può essere utile per migliorare anche la tua memoria di lavoro - perché la stai usando per farlo.

Controllare lo Stato Mentale

Ciò che è veramente affascinante è che puoi usare questo per controllare il tuo stato mentale.

Molti di noi si sentono spaventati in situazioni che non sono poi così stressanti perché stanno visualizzando cosa succederebbe se si verificasse il peggiore scenario. Sei stressato quando sei in debito perché stai immaginando come potrebbe finire nel peggiorare i tuoi guai finanziari. Stai immaginando il tuo partner che ti lascia perché sei stato così imprudente con i soldi. Stai immaginando il tuo conto bancario a zero.

Ma concentrandoti su aspetti più calmi e meno stressanti della situazione - concentrandoti sul piano - puoi portarti in uno stato di calma.

Allo stesso modo, quando stai cercando di concentrarti su quello che stai facendo e quando stai cercando di fissarti sul compito a portata di mano, devi assicurarti di ricordarti nella tua mente perché è importante. Faticando a completare quel saggio? Immagina te stesso rilassato e tranquillo perché hai finito. E immagina cosa succede se non finisci in tempo. Più importante, concentrati sulle cose di quel saggio che sono intrinsecamente preziose.

CAPITOLO 09 - IL TUO PIANO PER L'UPGRADE DEFINITIVO DEL CERVELLO

Abbiamo esaminato molti aspetti dell'allenamento cerebrale e di come potenziare la potenza del tuo cervello. Abbiamo discusso di nootropici, plasticità cerebrale, allenamento cerebrale e altro ancora.

Quindi ora come metti tutto questo in pratica? Quali sono i punti chiave da ricordare?

Bene, questo varierà abbastanza da persona a persona. Siamo tutti diversi, abbiamo tutti diverse priorità quando si tratta delle nostre prestazioni mentali e tutti abbiamo diversi compiti e lavori da svolgere bene.

Ma in generale, ecco cosa dovresti tenere a mente e cosa dovresti usare per raggiungere i tuoi obiettivi, qualunque essi siano...

• Il tradizionale 'allenamento cerebrale' si concentra davvero solo sul migliorare un insieme specifico di abilità o Con la possibile eccezione dell'allenamento Dual N-Back, che è utile per costruire la capacità della memoria di lavoro o I videogiochi, l'apprendimento, l'esercizio fisico e gli scacchi sono tutti molto più utili dei 'giochi' di allenamento cerebrale.

 I nootropici che influenzano i neurotrasmettitori possono essere utili per una concentrazione/serenità/creatività focalizzata, ma non sono una soluzione a lungo termine - i neurotrasmettitori non agiscono in un vuoto o Una corretta nutrizione è comunque importante. o Soprattutto dove può essere utilizzata per migliorare l'energia a livello cellulare e dove supporta la produzione di più neurotrasmettitori o Alcuni buoni esempi includono:

- ♣ Luteina

- ♣ Acido grasso Omega 3

- ♣ Creatina

- ♣ CoEnzyme Q10

- ♣ Complesso B

- ♣ Colina

- ♣ Magnesio

- ♣ Zinco

• Certi nootropici/nutrienti sono utili per potenziare la plasticità cerebrale, portando a un apprendimento accelerato o Curcuma o Magnesio treonato o Criniera del Leone o Luteina.

• Anche buoni per la plasticità cerebrale: o Sonno o Imparare cose nuove o Potenzialmente realtà virtuale o Esplorare nuovi luoghi.

• La memoria di lavoro è un'abilità/competenza veramente trasformativa e può essere allenata attraverso la visualizzazione

• La meditazione è uno strumento potente per potenziare la plasticità, la memoria di lavoro e il controllo sul tuo stato mentale.

Il mio consiglio per la maggior parte delle persone che leggono questo è di iniziare ad essere più consapevoli del funzionamento del loro cervello e di prendersi cura della loro nutrizione, così come del loro sonno. Prova ad incorporare la meditazione nella tua routine - anche solo 7 minuti al giorno alla fine di un allenamento - e assicurati di continuare a perseguire nuove attività e apprendere nuovi argomenti. Considera di aggiungere lo stack di plasticità o uno stack energetico per l'integrazione. E sii più consapevole di come la tua visualizzazione stia guidando il tuo stato mentale.

Col tempo, il tuo cervello crescerà e diventerai più intelligente e potente come mai prima d'ora!